J.-F. Mallet

SIMPLISSIME

DAS EINFACHSTE KOCHBUCH DER WELT

MIT 45 NEUEN REZEPTEN

VEGETARISCH

Übersetzt von Regine Schmidt

EMF

EIN BUCH DER
EDITION MICHAEL FISCHER

GEBRAUCHSANWEISUNG

Ich gehe davon aus, dass Sie Folgendes im Haus haben:

- fließendes Wasser
- einen Kühlschrank
- einen Kochtopf
- eine Bratpfanne
- einen Backofen
- einen Herd
- ein scharfes Messer
- Salz und Pfeffer
- Öl

(Falls nicht, wäre das jetzt der richtige Moment zur Anschaffung!)

Dieses Buch richtet sich nicht nur an Vegetarier, sondern an alle, die nicht zu jeder Mahlzeit Fleisch oder Fisch essen mögen, dabei auf genussvolle Art satt werden und nicht Stunden in der Küche verbringen wollen. Sich am Essen zu erfreuen und dabei auf seine Gesundheit zu achten, indem man den Verzehr von tierischen Eiweißen und Fetten reduziert, ausgewogen isst und die empfohlenen 5 Portionen Obst und Gemüse täglich zu sich nimmt, und zwar mit wenigen Zutaten und rasch zubereitet – das ist durchaus möglich. Alle Gerichte lassen sich leicht zubereiten – ohne Küchentechnik, mit 3 bis 6 einfach erhältlichen Zutaten, einer kurzen Zubereitungszeit und mit wenigen Utensilien.

GRUNDZUTATEN

- **Gemüse:** Ihm ist das Buch ja gewidmet, es kommt also in allen Rezepten vor. Verwenden Sie nach Möglichkeit frisches Gemüse der Saison, aber wenn Sie gerade im November die Lust auf Hörnchennudel-Risotto mit Erbsen überkommen sollte, können Sie ohne Weiteres auch mal auf tiefgekühlte Erbsen zurückgreifen.
- **Fertigprodukte:** In diesem Buch verwenden wir so gut wie keine, aber es ist nützlich, stets Folgendes im Vorratsschrank zu haben: Kichererbsen, Pesto, Tapenade (Olivenpaste), Oliven, passierte Tomaten, Kokosmilch und weiße Bohnen.
- **Kräuter:** Frische Kräuter sind unvergleichlich, ihnen sollte man den Vorzug geben! Falls Sie mal keine zur Hand haben, können Sie auch tiefgekühlte oder getrocknete verwenden.
- **Öle:** Olivenöl – „Natives Olivenöl extra" ist das beste; außerdem Haselnuss-, Sesam- und Walnussöl.
- **Gewürze/Würzmittel:** In unserem Basis-Gewürzregal stehen Currypulver, Muskatnuss und Kreuzkümmel.
- **Stärkehaltige Nahrungsmittel, Getreide und Hülsenfrüchte:** Quinoa, Couscous, Nudeln, Bulgur, Polenta, Linsen und Reis. Das alles bekommt man problemlos!

Nun bleibt mir nur noch, Ihnen viele schöne Momente beim Kochen, aber vor allem auch bei Tisch zu wünschen.

INHALTSVERZEICHNIS

ERFRISCHENDER QUINOASALAT

Quinoa
200 g

blaue Weintrauben
300 g

Bio-Salatgurke
x 1

Minze
1 Bund

Olivenöl
6 EL

Himbeeren
125 g

Salz, Pfeffer

Zubereitung: 10 Min.
Kochzeit: 10 Min.
Ruhezeit: 10 Min.

- Die **Quinoa** in 400 ml Wasser 10 Minuten zugedeckt garen, dann auf der ausgeschalteten Herdplatte noch 10 Minuten ausquellen lassen. Abkühlen lassen.
- **Quinoa** mit zerkleinerten **Weintrauben**, **Himbeeren**, **Minze** und **Gurke** mischen. Salzen, pfeffern und mit **Olivenöl** beträufeln. Gekühlt servieren.

TABOULÉ MIT HONIGMELONE

Honigmelonen
x 2

Couscous
8 EL

Kirschtomaten
x 20

Olivenöl
4 EL

Minze
1 Bund

Salz, Pfeffer

Zubereitung: 15 Min.
Kühlzeit: 1 Std.

- Die **Melonen** entkernen, das Fruchtfleisch würfeln. **Kirschtomaten** halbieren. **Minzeblätter** daraufsetzen.
- Alle Zutaten mischen, salzen, pfeffern und 1 Stunde kühl stellen, damit der **Couscous** quillt.
- Das Taboulé in den ausgehöhlten **Melonenhälften** servieren.

LIBANESISCHES TABOULÉ MIT GRANATAPFEL

Bulgur
100 g

glatte Petersilie
2 Bund

Zitronen
x 4

Tomaten
x 4

Olivenöl
6 EL

Granatapfel
x 1

Salz, Pfeffer

Zubereitung: 10 Min.
Kühlzeit: 2 Std.

- Den **Bulgur** in 300 ml Wasser und dem **Zitronensaft** 2 Stunden quellen lassen.
- **Petersilie** klein hacken. **Granatapfel** halbieren und die Kerne herausklopfen. Die **Tomaten** in kleine Würfel schneiden.
- Alle Zutaten mit dem **Bulgur** mischen. Salzen, pfeffern und gekühlt servieren.

TABOULÉ MIT MARACUJA UND TOMATEN

Kirschtomaten
x 20

Couscous
200 g

Maracujas
x 4

Kiwis
x 4

Minze
1 Bund

Olivenöl
6 EL

Salz, Pfeffer

Zubereitung: 10 Min.
Kühlzeit: 1 Std.

- Die **Kirschtomaten** halbieren. Die **Maracujas** halbieren, das Mark vorsichtig herauslösen. **Kiwis** schälen und in kleine Würfel schneiden. Die **Minze** klein schneiden.
- Alle Zutaten mischen, salzen, pfeffern und 1 Stunde kühl stellen, damit der Couscous quellen kann.
- Gekühlt servieren.

GURKEN-KIWI-TZATZIKI MIT CURRY

Salatgurke
x 1

Currypulver
1 EL

Kiwis
x 2

Minze
1 Bund

griechischer Joghurt
4 Becher

Koriandergrün
1 Bund

Salz, Pfeffer

Zubereitung: 10 Min.

- **Gurke** und **Kiwis** schälen und in Würfel schneiden. **Minzeblätter** und **Koriandergrün** in Streifen schneiden.
- Alle Zutaten mischen. Salzen, pfeffern und servieren.

SALAT AUS GRÜNEM GEMÜSE

grüne Bohnen
200 g

Zucchini
x 2

Erbsen
200 g (frisch oder TK)

Salatherzen
x 2

Minze
20 Blätter

Schnittlauch
1 Bund

Salz, Pfeffer

Olivenöl

Zubereitung: 15 Min.
Kochzeit: 15 Min.

- Die grünen **Bohnen**, die in Scheiben geschnittenen **Zucchini** und die **Erbsen** 15 Minuten in kochendem Salzwasser garen. Abgießen und kurz mit kaltem Wasser abschrecken.
- Das Gemüse mit dem **Salat** und den klein geschnittenen **Kräutern** mischen.
- Mit **Olivenöl** beträufeln, salzen, pfeffern und servieren.

KICHERERBSEN-ORANGEN-SALAT

Kichererbsen
260 g (Glas/Dose)

Rucola
100 g

Bio-Orange
x 1

rote Zwiebel
x 1

Kreuzkümmel
2 EL

Olivenöl
4 EL

Salz, Pfeffer

Zubereitung: 5 Min.

- Von der **Orange** Zesten abschälen und den Saft auspressen. Die **Kichererbsen** abgießen und abspülen. Die rote **Zwiebel** schälen und in dünne Ringe schneiden.
- Alle Zutaten mischen. Salzen, pfeffern und servieren.

LAUWARMER GRÜNE-BOHNEN-SALAT

breite grüne Bohnen
400 g

Eier
x 4

Aceto balsamico
2 EL

Haselnüsse
50 g

Haselnussöl
4 EL

Salz, Pfeffer

Zubereitung: 10 Min.
Kochzeit: 30 Min.

- Die **Bohnen** 20 Minuten in kochendem Salzwasser garen. Abschrecken. **Eier** 10 Minuten in kochendem Wasser hart kochen. Unter fließendem Wasser pellen und vierteln.
- Die **Eier** mit den **Bohnen** mischen. Die grob gehackten **Haselnüsse**, **Haselnussöl** und **Aceto balsamico** zugeben. Salzen, pfeffern und servieren.

BOHNEN MIT EIERN UND KÜRBISKERNEN

grüne Bohnen
600 g

Eier
x 4

Kürbiskerne
3 EL

Aceto balsamico
3 EL

Salatmix
100 g

Salz, Pfeffer

Olivenöl

Zubereitung: 10 Min.
Kochzeit: 20 Min.

- Die **grünen Bohnen** von den Enden befreien. In kochendem Salzwasser 15 Minuten garen.
- Die **Eier** in siedendem Wasser genau 5 Minuten kochen, dann unter fließendem Wasser pellen. Halbieren.
- Alle Zutaten mischen, salzen, pfeffern und gleich servieren.

NUDELSALAT MIT OLIVEN UND FENCHEL

Nudeln
300 g

Fenchel
2 Knollen (mittelgroß)

Tapenade
3 EL

Dill
1 Bund

Olivenöl
2 EL

Salz, Pfeffer

Zubereitung: 5 Min.
Kochzeit: 10 Min.

- Die **Nudeln** in kochendem Salzwasser al dente garen, abgießen und kurz abschrecken.
- Den **Fenchel** in dünne Scheiben schneiden. Den **Dill** hacken.
- Alle Zutaten mischen, salzen, pfeffern und sofort servieren.

QUICHE MIT KIRSCHTOMATEN UND OREGANO

Eier
x 4

Kirschtomaten
x 28

Mini-Mozzarella
20 Kugeln

getrockneter Oregano
1 EL

fertiger Mürbeteig
1 Rolle

Salz, Pfeffer

Zubereitung: 5 Min.
Backzeit: 50 Min.
Kühlzeit: 1 Std.

- Den Backofen auf 180 °C vorheizen.
- Eine Tarteform mit dem **Mürbeteig** samt dem Backpapier auslegen. **Kirschtomaten** und **Mozzarellakugeln** darauf verteilen. Die verquirlten **Eier** mit dem **Oregano** darübergeben, salzen, pfeffern.
- Im heißen Ofen 50 Minuten backen. Abkühlen lassen und 1 Stunde kühl stellen. Kalt servieren.

TARTE MIT ZUCCHINIBLÜTEN

Pesto
4 EL

geriebener Parmesan
2 EL

Mini-Zucchini mit Blüten
x 12

fertiger Blätterteig
1 Rolle

Salz, Pfeffer

Zubereitung: 10 Min.
Backzeit: 25 Min.

- Den Backofen auf 180 °C vorheizen.
- Eine Tarteform mit dem **Blätterteig** samt dem Backpapier auslegen. Das **Pesto** darauf verstreichen. Die längs halbierten **Zucchini** mit den **Blüten** daraufsetzen. Salzen, pfeffern und mit **Parmesan** bestreuen.
- Im heißen Ofen 25 Minuten backen. Schmeckt warm oder kalt.

LAUCH-ZWIEBEL-TARTE

Lauch
1 große Stange (oder 2 kleine)

Zwiebelconfit
4 EL

geriebener Käse
100 g

fertiger Blätterteig
1 Rolle

Zubereitung: 10 Min.
Backzeit: 45 Min.

- Den Backofen auf 180 °C vorheizen.
- Eine Tarteform mit dem **Blätterteig** samt dem Backpapier auslegen. Das **Zwiebelconfit** darauf verteilen. Den **Lauch** längs vierteln. Mit dem **Käse** mischen und das Ganze auf die **Zwiebeln** geben.
- Im heißen Ofen 45 Minuten backen. Schmeckt warm oder kalt.

KÜRBIS-QUICHE MIT SESAM

Eier
x 4

Butternut-Kürbis
500 g

Sesamöl
2 EL

fertiger Mürbeteig
1 Rolle

Sesam
2 EL

geriebener Käse
100 g

Salz, Pfeffer

Zubereitung: 15 Min.
Backzeit: 40 Min.

- Den Backofen auf 180 °C vorheizen. Eine Tarteform mit dem **Mürbeteig** samt dem Backpapier auslegen.
- **Kürbis** schälen, in dünne Spalten schneiden, auf dem Teig verteilen. Verquirlte **Eier** mit dem **geriebenen Käse** darübergeben, salzen, pfeffern und mit **Sesam** bestreuen. 40 Minuten backen, dann mit **Sesamöl** beträufeln. Servieren.

PISSALADIÈRE MIT ZWIEBELN UND OLIVEN

milde Zwiebeln
x 6

Olivenöl
8 EL

schwarze Oliven
x 20 (ohne Stein)

getrockneter Thymian
1 EL

fertiger Blätterteig
1 Rolle

Salz, Pfeffer

Zubereitung: 15 Min.
Koch-/Backzeit: 55 Min.

- Den Backofen auf 180 °C vorheizen. Die **Zwiebeln** schälen und in dünne Ringe schneiden. In einer Pfanne mit dem **Olivenöl** 25 Minuten einkochen. Vom Herd nehmen, **Thymian** dazugeben.
- Den **Blätterteig** auf einem mit Backpapier ausgelegten Backblech ausrollen. **Zwiebeln** und **Oliven** darauf verteilen und 30 Minuten backen.

PIKANTER CAKE MIT ZIEGENKÄSE UND SPINAT

Eier
x 3

Mehl
150 g

Blattspinat
100 g

Ziegenweichkäse
x 1

Olivenöl
80 ml

Backpulver
1 Pck.

Salz, Pfeffer

Zubereitung: 10 Min.
Backzeit: 45 Min.

- Den Backofen auf 180 °C vorheizen.
- Die **Eier** verquirlen. **Mehl**, **Backpulver** und **Olivenöl** hinzufügen. Alles gut verrühren.
- Den **Blattspinat** und den in Stücke geschnittenen **Ziegenkäse** dazugeben. Salzen und pfeffern.
- Den Teig in eine Kastenform füllen und 45 Minuten backen. Schmeckt warm oder kalt.

BLÄTTERTEIGTASCHE MIT KARTOFFELFÜLLUNG

Kartoffeln
500 g

Crème fraîche
200 ml

geriebene Muskatnuss
½ TL

fertiger Blätterteig
1 Rolle

Rosmarin
2 Zweige

Salz, Pfeffer

Zubereitung: 20 Min.
Backzeit: 40 Min.

- Den Backofen auf 180 °C vorheizen. **Kartoffeln** schälen und in dünne Scheiben schneiden. Mit **Crème fraîche**, **Muskat** und dem gehackten **Rosmarin** vermischen. Salzen und pfeffern.
- **Teig** ausrollen. **Kartoffeln** auf die eine Hälfte geben. Mit der anderen **Teighälfte** bedecken und die Ränder mit einer Gabel festdrücken. Im heißen Ofen 40 Minuten backen und servieren.

BLUMENKOHL IM TEIGMANTEL

Blumenkohl
x 1 (ca. 800 g)

Kreuzkümmel-Gouda
200 g

fertiger Blätterteig
1 Rolle

Currypulver
1 EL

Salz, Pfeffer

Zubereitung: 20 Min.
Koch-/Backzeit: 1 Std.

- Den ganzen **Blumenkohl** im Dampfgarer oder in kochendem Salzwasser 20 Minuten garen. Abkühlen lassen.
- **Blumenkohl** einschneiden und mit **Käsescheiben** spicken. Mit **Currypulver** bestreuen.
- Den Backofen auf 180 °C vorheizen. Den **Blumenkohl** in **Blätterteig** wickeln, fest andrücken. 40 Minuten backen und heiß servieren.

KARTOFFELN MIT PROVENCE-GEMÜSE

Kartoffeln
x 4 (groß)

Zucchini
x 2

Tomaten
x 4

geriebener Käse
150 g

Olivenöl
2 EL

Salz, Pfeffer

Zubereitung: 25 Min.
Backzeit: 40 Min.

- Den Backofen auf 160 °C vorheizen. **Kartoffeln** schälen, in Scheiben schneiden und auf ein mit Backpapier belegtes Backblech setzen. **Zucchini** und **Tomaten** in Scheiben schneiden. Zwischen die **Kartoffelscheiben** setzen, **geriebenen Käse** und das **Olivenöl** dazugeben, salzen, pfeffern und 40 Minuten garen. Warm servieren.

POLENTASCHNITTEN AUS DEM OFEN

Polenta
240 g

schwarze Oliven
x 30 (ohne Stein)

geriebener Parmesan
150 g

getrocknete Tomaten
x 25

Olivenöl
5 EL

getrockneter Oregano
1 EL

Salz, Pfeffer

Zubereitung: 15 Min.
Koch-/Backzeit: 25 Min.
Kühlzeit: 1 Std.

- Die **Polenta** unter Rühren in 1 l kochendem Salzwasser eindicken lassen. 100 g **Parmesan**, die gehackten **Oliven**, **Oregano** und die kleingeschnittenen **getrockneten Tomaten** unterrühren. In einer Auflaufform 1 Stunde kühl stellen.
- Den Backofen auf 180 °C vorheizen. Die **Polenta** mit **Olivenöl** beträufeln und mit dem restlichen **Parmesan** bestreuen. 10 Minuten backen.

GEMÜSELASAGNE

Lasagneplatten
x 10

Tomaten
x 4

Zucchini
x 2 (mittelgroß)

Spinat
500 g (TK, aufgetaut)

geriebener Käse
200 g

getrockneter Oregano
1 EL

Salz, Pfeffer

Olivenöl

Zubereitung: 20 Min.
Backzeit: 40 Min.

- Den Backofen auf 180 °C vorheizen.
- Den **Spinat**, die in Scheiben geschnittenen **Tomaten** und **Zucchini** mit **Oregano** und dem **geriebenen Käse** mischen. Salzen, pfeffern.
- In eine Auflaufform abwechselnd **Teigplatten** und Gemüsemischung schichten und im heißen Ofen 40 Minuten backen. Mit **Olivenöl** beträufeln und servieren.

KARTOFFEL-TOMATEN-GRATIN

Tomaten
400 g

geriebener Käse
100 g

Kartoffeln
500 g

Olivenöl
4 EL

Kapern
80 g

Weißwein
100 ml

Salz, Pfeffer

Zubereitung: 15 Min.
Backzeit: 40 Min.

- Den Backofen auf 170 °C vorheizen.
- Die **Kartoffeln** schälen und in Scheiben schneiden. Mit den in Scheiben geschnittenen **Tomaten**, dem **geriebenen Käse** und den **Kapern** mischen. Salzen und pfeffern.
- Das Ganze in eine Auflaufform füllen. **Weißwein** und **Olivenöl** dazugeben. Im heißen Ofen 40 Minuten garen.

MANGOLDGRATIN MIT BLAUSCHIMMELKÄSE

Mangold
1 kg

griechischer Joghurt
3 Becher

Blauschimmelkäse
280 g

Salz, Pfeffer

Zubereitung: 5 Min.
Backzeit: 30 Min.

- Den Backofen auf 180 °C vorheizen. Den **Mangold** in große Stücke schneiden, 5 Minuten in kochendem Salzwasser blanchieren.
- **Mangold** mit **Joghurt** und dem zerbröckelten **Käse** verrühren. Salzen und pfeffern.
- Die Masse in eine Auflaufform geben und im heißen Ofen 30 Minuten garen.
- Herausnehmen und heiß servieren.

SPARGEL-FLAN MIT RICOTTA

grüner Spargel
1 Bund

Eier
x 5

Ricotta
250 g

getrocknetes Basilikum
1 EL

Salz, Pfeffer

Zubereitung: 5 Min.
Backzeit: 40 Min.

- Den Backofen auf 180 °C vorheizen. **Spargel** von holzigen Enden befreien, in Stücke schneiden. Spitzen längs halbieren.
- Die **Eier** mit dem **Ricotta** und dem **Basilikum** verquirlen. Salzen und pfeffern. Die **Spargel** außer den Spitzen dazugeben und vermischen.
- In einer Auflaufform mit den **Spargelspitzen** belegen. 40 Minuten garen und servieren.

TORTELLINI-AUFLAUF

Tortellini
250 g (Ricotta & Spinat)

Rucola
60 g

Gazpacho
400 ml

getrockneter Oregano
1 EL

Salz, Pfeffer

Zubereitung: 5 Min.
Backzeit: 20 Min.

- Den Backofen auf 180 °C vorheizen. Die Hälfte des **Rucola** klein schneiden, mit dem **Gazpacho**, **Oregano** und 100 ml Wasser verrühren.
- Die al dente gegarten **Tortellini** in eine Auflaufform geben, die **Gazpacho-Rucola-Mischung** darüber verteilen. Salzen, pfeffern und im heißen Ofen 20 Minuten garen.
- Mit übrigem **Rucola** bestreut, heiß servieren.

SÜSSKARTOFFEL-MARONEN-AUFLAUF

Süßkartoffeln
400 g

griechischer Joghurt
4 Becher

gegarte Maronen
400 g (aus dem Glas)

Haselnussöl
2 EL

geriebene Muskatnuss
1 TL

geriebener Käse
200 g

Salz, Pfeffer

Zubereitung: 10 Min.
Backzeit: 40 Min.

- **Süßkartoffeln** schälen, in Stücke schneiden und in kochendem Salzwasser 20 Minuten garen.
- Den Backofen auf 180 °C vorheizen.
- Die **Süßkartoffelstücke** mit **Maronen**, **Joghurt**, **Muskat** und **geriebenem Käse** vermischen. Salzen und pfeffern.
- In eine Auflaufform geben und 20 Minuten garen. Mit **Haselnussöl** beträufelt, servieren.

GEFÜLLTE ZUCCHINI MIT ZIEGENKÄSE

runde Zucchini
x 4

Zwiebelconfit
4 EL

Ziegenweichkäse
x 2

Olivenöl
4 EL

Salz, Pfeffer

Zubereitung: 5 Min.
Backzeit: 35 Min.

- Den Backofen auf 180 °C vorheizen.
- Von den **Zucchini** einen Deckel abschneiden und das Fruchtfleisch herauslösen. In kleine Würfel schneiden und mit dem **Zwiebelconfit** und dem grob zerpflückten **Ziegenweichkäse** vermischen
- Die **Zucchini** mit der Mischung füllen und in eine Auflaufform setzen. Mit **Olivenöl** beträufeln und heißen Ofen 35 Minuten garen. Sofort servieren.

TOMATEN GEFÜLLT MIT OLIVEN

Tomaten
x 4 (groß)

Couscous
4 EL

schwarze & grüne Oliven
180 g

Olivenöl
4 EL

Kräuter der Provence
1 EL

Salz, Pfeffer

Zubereitung: 10 Min.
Backzeit: 15 Min.

- Den Backofen auf 180 °C vorheizen. Von den **Tomaten** einen Deckel abschneiden und das Fruchtfleisch herauslösen. In Würfel schneiden und mit **Couscous**, den gehackten **Oliven** und den **Kräutern** vermischen. Salzen und pfeffern.
- **Tomaten** damit füllen und in eine Auflaufform setzen. Mit **Olivenöl** beträufeln und im heißen Ofen 15 Minuten garen.

PAPRIKA MIT EI-PARMESAN-FÜLLUNG

Parmesanspäne
100 g

grüne Paprikaschoten
x 4

Eier
x 8

Crème fraîche
2 EL

Salz, Pfeffer

Zubereitung: 5 Min.
Backzeit: 35 Min.

- Den Backofen auf 180 °C vorheizen.
- Von den **Paprikaschoten** einen Deckel abschneiden, **Schoten** vorsichtig entkernen.
- Die **Eier** mit der **Crème fraîche** und dem **Parmesan** verquirlen. Salzen und pfeffern.
- Die **Paprikaschoten** mit der Mischung füllen, die Deckel wieder daraufsetzen. In einer Auflaufform im heißen Ofen 35 Minuten garen.

PAPRIKA MIT BULGUR-ERBSEN-FÜLLUNG

rote Paprikaschoten
x 2

Bulgur
140 g

Erbsen
100 g (frisch oder TK)

Olivenöl
4 EL

Gazpacho
500 ml

Salz, Pfeffer

Zubereitung: 10 Min.
Backzeit: 35 Min.

- Den Backofen auf 180 °C vorheizen. Die **Paprikaschoten** längs halbieren, entkernen.
- Den **Bulgur** mit der Hälfte des **Gazpacho** und den **Erbsen** mischen. Die **Paprikaschoten** mit der Mischung füllen. Im heißen Ofen 35 Minuten garen.
- Den restlichen **Gazpacho** sowie das **Olivenöl** dazugeben und in der Auflaufform servieren.

FEIGEN MIT ROQUEFORT-WALNUSS-FÜLLUNG

Feigen
x 12

Roquefort
100 g

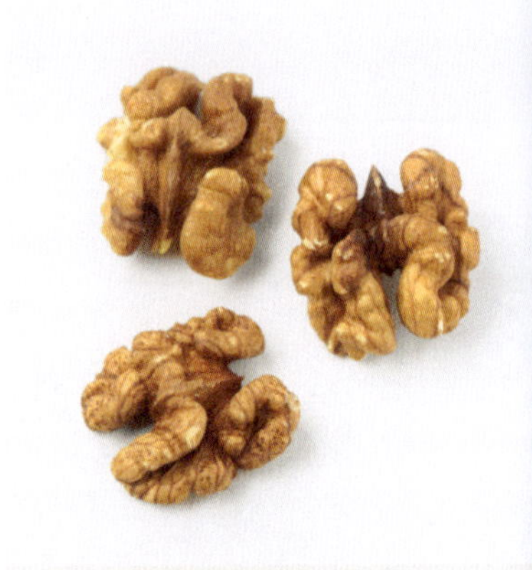

Walnusskerne
60 g

Walnussöl
4 EL

Salz, Pfeffer

Zubereitung: 5 Min.
Backzeit: 10 Min.

• Den Backofen auf 180 °C vorheizen. Von den **Feigen** einen Deckel abschneiden. Das Fruchtfleisch vorsichtig herauslösen, dabei die Haut nicht beschädigen.

• Das Fruchtfleisch mit den gehackten **Walnusskernen** und dem zerdrückten **Roquefort** mischen. **Feigen** damit füllen, die Deckel aufsetzen und, mit **Olivenöl** beträufelt, 10 Minuten garen.

GEFÜLLTE BUNTE TOMATEN

bunte Tomaten
x 8 (mittelgroß)

Grissini
x 8

Petersilie
1 Bund

Pinienkerne
80 g

Olivenöl
2 EL

Rosinen
60 g

Salz, Pfeffer

Zubereitung: 10 Min.
Backzeit: 20 Min.

- Den Backofen auf 180 °C vorheizen. Von den **Tomaten** einen Deckel abschneiden. Das Fruchtfleisch vorsichtig herauslösen.
- Fruchtfleisch mit zerstoßenen **Grissini**, **Pinienkernen**, **Rosinen** und gehackter **Petersilie** mischen. **Tomaten** damit füllen, Deckel aufsetzen. In einer Auflaufform, mit **Olivenöl** beträufelt, 10 Minuten garen.

MIT PESTO GEFÜLLTE CHAMPIGNONS

Champignons
x 8 (groß)

Pesto
2 EL

Ziegenfrischkäse
300 g

Basilikum
1 Bund

Olivenöl
2 EL

Salz, Pfeffer

Zubereitung: 10 Min.
Backzeit: 25 Min.

- Den Backofen auf 180 °C vorheizen. Von den **Champignons** die Stiele entfernen und klein schneiden. Die zerkleinerten Stiele mit **Ziegenkäse**, **Pesto** und gehacktem **Basilikum** vermischen. Die **Champignons** damit füllen.
- In eine Auflaufform setzen, mit **Olivenöl** beträufeln, salzen, pfeffern und 25 Minuten garen.

TOMATEN MIT KARTOFFEL-KÄSE-FÜLLUNG

(Fleisch-)Tomaten
x 4 (groß)

Kartoffeln
500 g

getrockneter Thymian
1 EL

Olivenöl
4 EL

geriebener Parmesan
100 g

Salz, Pfeffer

Zubereitung: 10 Min.
Koch-/Backzeit: 55 Min.

• **Kartoffeln** schälen und in Salzwasser 35 Minuten garen. Zerdrücken, **Thymian** und **Parmesan** zugeben, salzen und pfeffern. Backofen auf 180 °C vorheizen.

• Von den **Tomaten** einen Deckel abschneiden und aushöhlen und mit den **Kartoffeln** füllen. Mit dem Fruchtfleisch in eine Auflaufform füllen, mit **Olivenöl** beträufeln, 20 Minuten garen.

AUBERGINEN GEFÜLLT MIT FETA

Auberginen
x 4 (mittelgroß)

passierte Tomaten
200 ml

Feta
200 g

getrockneter Thymian
2 EL

Olivenöl
4 EL

Salz, Pfeffer

Zubereitung: 10 Min.
Backzeit: 1 Std.

- Den Backofen auf 170 °C vorheizen. Die **Auberginen** längs halbieren, Fruchtfleisch herauslösen.
- Fruchtfleisch in Würfel schneiden und mit den passierten **Tomaten**, dem **Thymian** und dem zerdrückten **Feta** vermischen. **Auberginen** damit füllen, in eine Auflaufform setzen, mit **Olivenöl** beträufeln, salzen, pfeffern und 1 Stunde garen.

LINSENCURRY MIT PAPRIKA

grüne Linsen
180 g

eingelegte rote Paprika
250 g (Abtropfgewicht)

Kokosmilch
400 ml

Koriandergrün
2 Bund

Currypulver
2 EL

Salz, Pfeffer

Zubereitung: 5 Min.
Kochzeit: 30 Min.

- Die **Linsen** in einem Topf mit 600 ml Wasser aufkochen und 25 Minuten garen.
- Die **eingelegten Paprika** in Streifen schneiden. Mit der **Kokosmilch** und dem **Currypulver** in den Topf geben. Umrühren und noch 5 Minuten köcheln lassen. Salzen, pfeffern.
- Das klein geschnittene **Koriandergrün** hinzufügen und servieren.

ARTISCHOCKEN-AVOCADO-RISOTTO

Artischockenherzen
1 Dose (240 g Nettogewicht)

Risottoreis
200 g (z. B. Arborio)

Gemüsebrühe
600 ml

Zitrone
x 1

Avocados
x 2

Olivenöl
4 EL

Salz, Pfeffer

Zubereitung: 5 Min.
Kochzeit: 20 Min.

- **Reis**, **Brühe** und 2 EL **Olivenöl** in einem Topf aufkochen. Bei niedriger Hitze unter Rühren ca. 20 Minuten garen, bis die Flüssigkeit ganz aufgesaugt ist.
- Die klein geschnittenen **Artischocken**, den **Zitronensaft**, die zerdrückten **Avocados** und das restliche **Olivenöl** dazugeben. Salzen, pfeffern und sofort servieren.

CHILI MIT AUBERGINEN UND SALBEI

Kidneybohnen
1 Dose (500 g Nettogewicht)

Auberginen
x 2

Olivenöl
6 EL

Salbei
1 Bund

passierte Tomaten
200 ml

Salz, Pfeffer

Zubereitung: 5 Min.
Kochzeit: 50 Min.

- Die **Auberginen** in Würfel schneiden und in einem Topf im **Olivenöl** 5 Minuten anbraten. Die abgetropften **Bohnen**, die passierten **Tomaten**, 50 ml Wasser und die **Salbeiblätter** dazugeben. Salzen, pfeffern und umrühren.
- Bei niedriger Hitze unter gelegentlichem Rühren 45 Minuten köcheln lassen und servieren.

WEISSE BOHNEN PROVENZALISCHE ART

Zucchini
x 2 (mittelgroß)

frische weiße Bohnen
600 g (oder 1 Dose 500 g)

Rosmarin
2 Zweige

Knoblauch
2 Zehen

Gazpacho
400 ml

Salz, Pfeffer

Olivenöl

Zubereitung: 15 Min.
Kochzeit: 1 Std.

- Die **Bohnen** enthülsen. Die **Zucchini** in Würfel schneiden, vom **Rosmarin** die Nadeln abzupfen.
- Alle Zutaten zusammen mit 100 ml Wasser in einen Topf geben. Bei niedriger Hitze 1 Stunde köcheln lassen. Salzen, pfeffern, etwas **Olivenöl** hinzufügen und servieren.

HÖRNCHENNUDEL-RISOTTO MIT ERBSEN

Hörnchennudeln
200 g

Erbsen
200 g (frisch oder TK)

Gemüsebrühe
600 ml

Kräuterfrischkäse
150 g

Olivenöl
4 EL

Salz, Pfeffer

Zubereitung: 5 Min.
Kochzeit: 20 Min.

- Die **Gemüsebrühe** in einem Topf erhitzen.
- Die **Hörnchennudeln** und die **Erbsen** dazugeben. Unter Rühren 20 Minuten garen, bis die Flüssigkeit aufgesaugt ist.
- **Kräuterfrischkäse** und **Olivenöl** dazugeben. Salzen, pfeffern, umrühren und sofort servieren.

ASIA-NUDELN IN KOKOSMILCH

Spaghetti
300 g

Ingwer
50 g

geriebene Möhren
150 g

Sojasprossen
150 g

Basilikum
1 Bund

Kokosmilch
400 ml

Salz, Pfeffer

2 EL Öl

Zubereitung: 15 Min.
Kochzeit: 25 Min.

- Die **Spaghetti** in kochendem Salzwasser al dente garen, abgießen, abtropfen lassen und beiseitestellen.
- In einer Pfanne **Möhren** und geriebenen **Ingwer** in dem **Öl** anbraten. **Nudeln**, **Sojasprossen** und **Kokosmilch** dazugeben. Weitere 5 Minuten garen. Salzen, pfeffern, **Basilikumblätter** hinzufügen, umrühren und servieren.

SPAGHETTI MIT SPARGEL UND ZIEGENKÄSE

Spaghetti
300 g

grüner Spargel
1 Bund

Ziegenweichkäse
x 3

getrockneter Estragon
2 EL

Olivenöl
4 EL

Salz, Pfeffer

Zubereitung: 5 Min.
Kochzeit: 15 Min.

- Die **Spaghetti** in kochendem Salzwasser al dente garen, abgießen, kurz abtropfen lassen.
- **Spargel** von holzigen Enden befreien und längs halbieren. In einer Pfanne in **Olivenöl** 5 Minuten braten.
- **Nudeln**, zerkleinerten **Ziegenkäse** und **Estragon** dazugeben und unter Rühren 2 Minuten köcheln lassen. Salzen, pfeffern und servieren.

ZITRONEN-BASILIKUM-NUDELN

Nudeln
300 g

Basilikum
1 Bund

eingelegte Zitronen
x 2

Olivenöl
4 EL

geriebener Parmesan
4 EL

Salz, Pfeffer

Zubereitung: 5 Min.
Kochzeit: 10 Min.

- Die **Nudeln** in kochendem Salzwasser al dente garen. Abgießen, kurz abtropfen lassen und mit dem **Olivenöl** und den in kleine Stücke geschnittenen eingelegten **Zitronen** in eine Pfanne geben.
- **Basilikumblätter** und **Parmesan** hinzufügen und bei hoher Hitze 3 Minuten durchrühren. Sofort servieren.

GEBRATENER REIS MIT CASHEWKERNEN

rote Paprikaschote
x 1

Reis
200 g

Zucchini
x 1

Knoblauch
6 Zehen

Sojasauce
8 EL

Cashewkerne
125 g (gesalzen)

Salz, Pfeffer

4 EL neutrales Öl

Zubereitung: 10 Min.
Kochzeit: 30 Min.

- Den **Reis** in kochendem Salzwasser garen.
- Die in Stücke geschnittene **Paprikaschote** und **Zucchini** mit dem grob gehackten **Knoblauch** in einer Pfanne in **Öl** anbraten.
- 10 Minuten unter Rühren garen, dann **Reis**, **Sojasauce** und **Cashewkerne** dazugeben. Unter Rühren noch 10 Minuten köcheln lassen. Sofort servieren.

OFENGEMÜSE MIT ESTRAGON

Muskatkürbis
300 g

getrockneter Estragon
2 EL

Kartoffeln („La Ratte")
400 g

Butter
50 g

Champignons
300 g (groß)

Salz, Pfeffer

2 EL neutrales Öl

Zubereitung: 5 Min.
Backzeit: 48 Min.

- Den Backofen auf 180 °C vorheizen.
- Die **Champignons** vierteln. Den **Kürbis** schälen und klein schneiden.
- Gemüse und **Kartoffeln** in eine Auflaufform mit **Öl** geben. Salzen, pfeffern und im Ofen 45 Minuten garen.
- Die mit dem **Estragon** vermischte **Butter** dazugeben und noch 3 Minuten weitergaren.

REGISTER

IMPRESSUM

Bibliografische Information der Deutschen Bibliothek.

Die Deutsche Bibliothek verzeichnet diese Publikation in der deutschen Nationalbibliografie. Detaillierte bibliografische Daten sind im Internet über http://www.dnb.de/ abrufbar.

EIN BUCH DER EDITION MICHAEL FISCHER

1. Auflage 2018

Erstveröffentlicht bei Hachette Livre (Hachette Pratique).

Titel der Originalausgabe:
Recettes végétariennes les plus faciles du monde
Text und Fotos von Jean-François Mallet
Grafik-Design und Layout: Marie-Paule Jaulme

Aus dem Französischen übertragen von: Regine Schmidt, Karlsruhe
Lektorat: Bettina Snowdon, Hamburg
Produktmanagement: Natascha Mössbauer
Gesamtherstellung: Theresa Born, Yvonne Witzan

ISBN 978-3-86355-993-9

Gedruckt in Spanien by Grafica Estella, Carreta Estella, Tafalla KM 2,
31131 Villatuerta-Navarra

www.emf-verlag.de